GUIA BÁSICO DE ÍNDICES NO ORACLE

Devrunning

CONTENTS

INTRODUÇÃO

Os índices são uma parte crucial do Oracle e são usados para melhorar o desempenho de consultas em bancos de dados. Na sua essência, um índice é uma combinação de um valor e uma localização associada que permite localizar rapidamente um objeto.

Se você pensar nisso por alguns segundos, provavelmente você usa estruturas de índice de páginas de um livro para encontrar um capítulo específico, ou usar um índice de palavras-chave em um mecanismo de pesquisa para encontrar sites relevantes. Em bancos de dados, índices permitem que o Oracle localize rapidamente as informações que você está procurando, em vez de ter que procurar por toda a tabela.

Ao criar índices, é importante escolher as colunas corretas para indexar e selecionar o tipo de índice correto para o seu banco de dados e a consulta que você está tentando otimizar. Além disso, é importante monitorar regularmente o uso dos índices e fazer ajustes conforme necessário para garantir que eles continuem a melhorar o desempenho do seu banco de dados.

Com um bom entendimento dos índices do Oracle e boas práticas de indexação, você pode melhorar significativamente o desempenho das suas consultas e otimizar o desempenho geral do seu banco de dados.

Cada capítulo deste livro aborda um tópico específico e inclui exemplos de código para ajudá-lo a aplicar as dicas em seu próprio ambiente de banco de dados. Este livro também inclui práticas recomendadas para ajudá-lo a escrever código SQL mais legível e fácil de manter.

Se você é um desenvolvedor de banco de dados, administrador de banco de dados ou simplesmente um usuário do Oracle que

deseja aprender mais sobre como melhorar o desempenho do
banco de dados, este livro é para você.

ÍNDICES

Os índices desempenham um papel fundamental na melhoria da velocidade de execução das consultas, minimizando o tempo de resposta e aumentando a eficiência geral do sistema. Eles são como atalhos inteligentes que permitem ao Oracle localizar e acessar rapidamente os dados necessários, evitando pesquisas desnecessárias em tabelas completas. O uso adequado de índices pode ter um impacto significativo no desempenho das consultas, reduzindo o tempo de processamento e melhorando a escalabilidade do sistema. Portanto, é fundamental entender os diferentes tipos de índices disponíveis no Oracle e aplicá-los de forma estratégica nas tabelas relevantes.

Como criar índices

Criar índices no Oracle é relativamente simples, mas existem algumas considerações importantes a serem feitas para garantir que seus índices sejam eficientes.

- Identifique as colunas que serão usadas com mais frequência em consultas.
- Considere criar índices compostos para melhorar o desempenho de consultas que usam várias colunas.
- Não crie índices em colunas que são raramente usadas em consultas.
- Evite criar índices em tabelas pequenas que são frequentemente atualizadas.

Para criar um índice no Oracle, você pode usar o comando CREATE INDEX:

CREATE [UNIQUE] INDEX index_name
ON table_name (column1 [, column2, ..., columnn]);

- *index_name*: é o nome que você deseja dar ao índice.
- *table_name*: é o nome da tabela em que você deseja criar o índice.
- *column1, column2, ..., columnn:* são as colunas que você deseja incluir no índice.

A opção UNIQUE cria um índice exclusivo, o que significa que cada valor na coluna do índice deve ser único. Se você não incluir a opção UNIQUE, o índice será criado como um índice não exclusivo, permitindo valores duplicados. A criação da chave primária cria implicitamente um índice exclusivo na(s) coluna(s) que formam a chave. Isso ocorre porque uma chave primária deve garantir a unicidade dos valores em todas as linhas da tabela, e um índice exclusivo é uma estrutura que permite a busca eficiente de valores únicos.

Para criar um índice não exclusivo em uma tabela chamada

"usuario" com uma coluna USUARIO_ID, usamos a seguinte sintaxe::

CREATE INDEX idx_usuario_id
ON usuario (usuario_id);

Ao criar índices, é importante considerar quais colunas serão usadas com mais frequência em consultas. Índices em colunas comumente usadas podem melhorar significativamente o desempenho do banco de dados. Também é importante lembrar que criar muitos índices em uma tabela pode afetar negativamente o desempenho do banco de dados durante a atualização e exclusão de registros. Portanto, é recomendável criar índices com sabedoria e garantir que eles sejam necessários para consultas frequentes.

Tipos de índices

No Oracle, existem vários tipos de índices que podem ser usados para melhorar o desempenho do banco de dados. Aqui estão alguns dos tipos de índices mais comuns:

1. Índice B-tree: é o tipo mais comum de índice no Oracle. Ele é criado para colunas individuais ou combinações de colunas e permite que os dados sejam pesquisados em ordem ascendente ou descendente. O índice B-tree é eficaz para consultas que usam cláusulas WHERE para filtrar os dados.

2. Índice bitmap: é usado para tabelas com um grande número de valores distintos em uma coluna. O índice bitmap armazena um bitmap para cada valor distinto e permite que várias condições sejam avaliadas simultaneamente usando operações lógicas como AND, OR e NOT. Os índices bitmap são eficazes para consultas que envolvem operações lógicas em várias colunas.

3. Índice de função: é criado para uma expressão ou função aplicada a uma coluna. O índice de função permite que os dados sejam pesquisados usando o resultado da expressão ou função em vez dos próprios dados da coluna. Esse tipo de índice é útil para consultas que envolvem cálculos em colunas.

4. Índice de texto completo: Ele indexa as palavras individuais em uma ou mais colunas de texto em uma tabela, permitindo que a execução de pesquisas avançadas em texto completo, como operações de pesquisa de frases e pesquisa de prefixo.

Ao escolher o tipo de índice a ser usado, é importante levar em consideração as consultas que serão executadas com mais frequência e o tamanho e a complexidade da tabela. Alguns tipos de índices podem não ser adequados para determinadas situações e podem afetar negativamente o desempenho do banco de dados se usados incorretamente.

ÍNDICE B-TREE

O índice B-tree é o tipo mais comum de índice usado. Ele é criado para colunas individuais ou combinações de colunas e permite que os dados sejam pesquisados em ordem ascendente ou descendente. Para criar um índice B-tree, você pode usar o comando CREATE INDEX visto anteriormente. Exemplo de como criar um índice B-tree em uma tabela chamada "usuario" com uma coluna SOBRENOME:

CREATE INDEX idx_sobrenome
ON usuario(sobrenome);

Este índice é eficaz para consultas que usam cláusulas WHERE para filtrar os dados. Por exemplo, a consulta abaixo seria mais rápida se houvesse um índice B-tree na coluna SOBRENOME:

*SELECT * FROM usuario WHERE sobrenome= 'Rodrigues da Silva';*

Em consultas que envolvem colunas numéricas, os índices B-tree tendem a ser mais eficazes, pois a ordenação é baseada em valores numéricos. Isso significa que, quando uma cláusula WHERE é usada para filtrar dados com base em valores numéricos, o índice B-tree pode ser usado para localizar rapidamente as linhas correspondentes. No entanto, isso não significa que as colunas de texto ou caracteres não devam ser indexadas. Em certas situações, pode ser útil criar índices em colunas de texto ou caracteres, como em consultas de pesquisa de texto completo. É importante avaliar cuidadosamente as necessidades de sua aplicação e os padrões de acesso aos dados antes de decidir quais colunas indexar e como criar os índices.

Embora os índices B-tree sejam amplamente usados e sejam a

escolha padrão para a maioria dos casos, existem situações em que outros tipos de índices podem ser mais eficientes.

Alguns casos em que você pode considerar evitar o uso de um índice B-tree

1. Se uma grande porcentagem de valores de uma coluna for nulo ou vazio, um índice B-tree pode não ser útil. Nesse caso, um índice bitmap pode ser mais eficiente, pois os valores nulos são facilmente ignorados em operações lógicas.

2. Os índices B-tree podem não ser ativados, por exemplo, quando é usado para buscar uma string em um texto. Isso ocorre porque, em textos, a correspondência não é necessariamente exata e, muitas vezes, é necessário buscar palavras ou frases dentro do conteúdo do texto. Nesses casos, um índice de texto pode ser mais eficiente, pois indexa as palavras individuais nos dados de texto e permite que as consultas sejam executadas mais rapidamente pesquisando as palavras-chave indexadas.

3. Se uma tabela tiver muitas atualizações e exclusões, muitos índices B-tree podem afetar negativamente o desempenho do banco de dados. Isso ocorre porque o Oracle deve atualizar os índices sempre que um registro é atualizado ou excluído, o que pode ser caro em termos de tempo de processamento. Nesses casos, pode ser necessário revisar a estratégia de índice e considerar outros tipos de índices, como índices de bitmap ou índices de função.

4. Se uma coluna tiver poucos valores distintos, um índice B-tree pode não ser útil. Por exemplo, se uma coluna contiver apenas "Sim" e "Não", um índice B-tree não será eficaz para filtrar os dados.

5. Se uma consulta envolver funções ou expressões aplicadas a colunas, um índice de função pode ser mais eficaz do que um índice B-tree.

O índice B-tree é uma ferramenta poderosa para melhorar o desempenho de consultas em bancos de dados. Ele é frequentemente usado em colunas de chave primária e colunas de busca com alta cardinalidade. No entanto, um caso menos conhecido do uso do índice B-tree é em colunas de chave estrangeira.

Uma chave estrangeira é uma coluna ou conjunto de colunas em uma tabela que se refere a chave primária ou a coluna ou conjunto de colunas com restrição *UNIQUE* em outra tabela. É usada para estabelecer um relacionamento entre duas tabelas, garantindo a integridade referencial dos dados. Quando uma consulta envolve uma chave estrangeira, o Oracle geralmente precisa bloquear as linhas da tabela referenciada para garantir a consistência dos dados. O problema é que, sem um índice B-tree na coluna da chave estrangeira, o banco pode precisar bloquear toda a tabela referenciada, mesmo que a consulta envolva apenas uma pequena porção dela. Isso pode causar bloqueios desnecessários e aumentar a possibilidade de *deadlocks* em sistemas com alta concorrência. Além disso, sem um índice B-tree, a consulta pode exigir uma pesquisa completa da tabela referenciada, o que pode levar a uma grande quantidade de I/O de disco. Por isso, é importante considerar a criação de um índice B-tree em colunas de chave estrangeira, especialmente em tabelas com alto volume de transações. Ao criar um índice B-tree na coluna da chave estrangeira, o banco pode usar o índice para localizar apenas as linhas relevantes na tabela referenciada, reduzindo a quantidade de bloqueios e I/O de disco necessários. No entanto, existem algumas situações em que pode não ser recomendado criar um índice em uma chave estrangeira, como:

1. Tabelas pequenas: Um índice na chave estrangeira pode não ser útil e até mesmo diminuir o desempenho da consulta se a tabela referenciada for pequena. Nesse caso, é recomendável avaliar o desempenho da consulta sem o índice antes de decidir se é necessário adicioná-lo.

2. Alterações frequentes: Se a tabela referenciada sofrer alterações frequentes, como inserções, atualizações e exclusões, um índice na chave estrangeira pode resultar em um alto overhead de manutenção do índice. Nesse caso, é importante avaliar cuidadosamente se o benefício do índice justifica o custo adicional de manutenção.

3. Seleções muito seletivas: Se a seleção dos dados referenciados for muito específica, um índice na chave estrangeira pode não ser eficiente e pode até mesmo piorar o desempenho da consulta. Nesse caso, é importante avaliar cuidadosamente se o benefício do índice justifica o custo adicional de manutenção.

4. Consultas envolvendo várias tabelas: Se a consulta envolver várias tabelas, criar índices em todas as chaves estrangeiras pode resultar em um grande número de índices desnecessários e pode diminuir o desempenho da consulta. Nesse caso, é importante avaliar cuidadosamente quais chaves estrangeiras são mais críticas para o desempenho da consulta e criar índices apenas nessas chaves.

Criar um índice em uma chave estrangeira pode ser benéfico em muitos casos, mas sempre é importante analisar cuidadosamente em todos os casos.

Preparar uma tabela para a criação de um índice B-tree pode melhorar significativamente o desempenho das consultas em sua base de dados. Existem algumas coisas que você pode fazer para decidir se sua tabela está pronta para a criação de um índice B-tree eficiente.

Verifique a seletividade

Antes de criar um índice B-tree, verifique a seletividade da coluna. A seletividade é um conceito importante para entender como os índices B-tree funcionam. Ela se refere à proporção de linhas em uma coluna da tabela que possuem um valor único em relação ao número total de linhas da tabela. Quanto mais seletiva for uma coluna, ou seja, quanto menor for a proporção de valores únicos em relação ao número total de linhas, mais eficiente será o uso de um índice B-tree nessa coluna.

Por exemplo, se tivermos uma tabela de "cliente" com 100.000 linhas e uma coluna de SEXO com apenas dois valores possíveis (F e M), a seletividade dessa coluna será baixa, pois apenas duas linhas terão um valor diferente. Nesse caso, um índice B-tree na coluna de ESTADO não seria muito eficiente, pois a maioria das buscas resultaria em uma grande quantidade de linhas correspondentes.

Por outro lado, se tivermos uma coluna de CPF em uma tabela de "cliente", onde cada linha tem um valor de CPF único, a seletividade será alta e um índice B-tree nessa coluna será muito eficiente, pois a busca por um valor específico resultará em uma ou poucas linhas correspondentes.

. Para exemplificar a importância de verificar a quantidade de dados duplicados antes de criar um índice B-tree, considere a seguinte tabela de exemplo:

```
CREATE TABLE cliente (
    id NUMBER(10) PRIMARY KEY,
    nome VARCHAR2(70) NOT NULL,
    documento number(10) not null,
    email VARCHAR2(100) UNIQUE NOT NULL,
    telefone VARCHAR2(15),
    endereco VARCHAR2(100),
    dt_registro date default sysdate not null
);
```

Suponha que essa tabela contenha milhões de registros e que você deseja criar um índice B-tree na coluna EMAIL para melhorar o desempenho de consultas que usam essa coluna em cláusulas WHERE. Antes de criar o índice, é importante analisar a quantidade de registros duplicados na coluna EMAIL. Para isso, você pode executar uma consulta de validação de dados como, por exemplo:

SELECT email, COUNT(1) FROM cliente GROUP BY email HAVING COUNT(1) > 1;

Se essa consulta retornar muitos registros duplicados na coluna EMAIL, ou seja, se a coluna possuir baixa seletividade, o índice correspondente será menos eficiente, pois muitas páginas terão que ser lidas para retornar as linhas que correspondem aos valores na coluna. Nesse caso, criar um índice para essa coluna pode não ser útil e pode até mesmo diminuir o desempenho das consultas.

Quando uma coluna é altamente seletiva, os valores em um índice que referenciam essa coluna serão distribuídos de maneira mais uniforme, reduzindo o número de páginas do índice que precisam ser acessadas para recuperar as linhas desejadas. Alguns autores sugerem que um limite razoável de dados duplicados para a criação de um índice B-tree seria em média de cerca de 3% a 4% do total de registros da tabela. No entanto, essa não é uma regra rígida e a decisão final deve ser baseada em uma análise cuidadosa da situação específica, como o tamanho da tabela, a frequência de inserções e atualizações, o número de colunas indexadas e outros fatores que podem afetar a eficácia e o desempenho do índice.

Por isso, é importante considerar alguns fatores ao decidir criar um índice B-tree e como configurá-lo para atender às necessidades da aplicação.

Análise da tabela

Antes de criar um índice B-tree, analise a tabela para garantir que as estatísticas de tabela sejam precisas. Isso permitirá a escolha do melhor plano de execução para a consulta. Para garantir que as estatísticas de tabela sejam precisas antes de criar um índice B-tree, você pode seguir estes passos:

1. Execute o comando *DBMS_STATS.GATHER_TABLE_STATS* para atualizar as estatísticas da tabela:

EXEC DBMS_STATS.GATHER_TABLE_STATS('ESQUEMA_LOJA','CLIENTE');

2. Verifique se as estatísticas foram atualizadas executando o comando *SELECT* na tabela *USER_TABLES*:

SELECT table_name, num_rows, blocks FROM user_tables WHERE table_name = 'CLIENTE';

Certifique-se de que o número de linhas e blocos retornados corresponde ao tamanho real da tabela.

3. Verifique a distribuição de dados na tabela executando uma consulta com o operador GROUP BY em uma coluna relevante:

SELECT coluna, COUNT(*) FROM nome_da_tabela GROUP BY coluna;

Essa consulta permitirá visualizar a distribuição dos valores na coluna selecionada e identificar as colunas que possam ser candidatas a índice.

A execução das estatísticas do Oracle 19c é automatizada, ou seja, a execução automática do processo de estatísticas do banco de dados se refere à capacidade do Oracle de atualizar automaticamente as estatísticas da tabela em intervalos regulares, sem a necessidade de intervenção manual do DBA. Isso é feito pelo Job Scheduler do Oracle, que executa o procedimento.

Além disso, a atualização automática de estatísticas tem várias vantagens. Em primeiro lugar, elimina a necessidade de intervenção manual do DBA, o que pode economizar tempo e esforço. Em segundo lugar, garante que as estatísticas da tabela sejam atualizadas regularmente, o que ajuda a garantir que o otimizador de consultas possa escolher o melhor plano de execução para cada consulta. Além disso, o Oracle pode usar a execução automática do processo de estatísticas para evitar que as estatísticas da tabela fiquem desatualizadas por longos períodos de tempo, o que pode levar a um mau desempenho da consulta.

No entanto, é importante lembrar que a atualização automática de estatísticas pode não ser adequada para todas as situações. Por exemplo, em algumas situações, pode ser necessário atualizar as estatísticas da tabela com mais frequência do que o intervalo pré-definido, ou pode ser necessário atualizar as estatísticas manualmente para garantir que as estatísticas mais precisas estejam disponíveis. Por isso, é importante que os DBAs monitorem regularmente as estatísticas da tabela e ajustem as configurações de atualização automática conforme necessário.

Escolha a coluna certa para o índice

Escolha a coluna ou conjunto de colunas corretas para o índice B-tree. Se você escolher as colunas erradas, o índice pode não ser eficiente e pode levar a problemas de desempenho. Algumas dicas práticas para ajudar na escolha seriam:

1. Analise as consultas mais frequentes em sua aplicação para identificar as colunas usadas com mais frequência nas cláusulas WHERE. Essas colunas são boas candidatas para serem incluídas no índice.

2. Selecione colunas com alta seletividade, ou seja, colunas que possuem muitos valores distintos em relação ao número total de registros na tabela. Essas colunas são mais eficientes em reduzir o número de registros que precisam ser pesquisados em uma consulta.

3. Evite incluir colunas com muitos valores duplicados em um índice, pois isso pode tornar o índice menos eficiente. Em vez disso, considere incluir uma coluna com alta seletividade que seja frequentemente usada em consultas.

4. A ordem das colunas no índice é importante. Selecione a coluna com a maior seletividade como a primeira coluna no índice e coloque as colunas restantes em ordem decrescente de seletividade.

5. Limite o número de colunas: Limite o número de colunas incluídas no índice, pois muitas colunas podem tornar o índice grande e ineficiente. Selecione apenas as colunas necessárias para melhorar o desempenho das consultas mais frequentes.

6. Considere o tamanho das colunas incluídas no índice, pois colunas grandes podem tornar o índice maior e mais lento. Em geral, é uma boa prática incluir apenas as colunas necessárias para melhorar o desempenho da consulta.

Considere o tamanho da coluna

Quanto maior a coluna, maior será o índice B-tree. Considere o tamanho da coluna ao criar um índice B-tree para garantir que ele não se torne muito grande.

Para demonstrar isso, vamos considerar a tabela "cliente", com milhares de registros, e analisar os tamanhos dos índices que iremos criar. Vamos criar dois índices B-tree diferentes, um para coluna NOME *varchar2(70) e outro para coluna DOCUMENTO number(10).*

-- Criando um índice B-tree para a coluna documento
CREATE INDEX idx_documento ON cliente(documento);

-- Criando um índice B-tree para a coluna nome
CREATE INDEX idx_nome ON cliente(nome);

Depois de criar esses índices, podemos usar a seguinte consulta para determinar o tamanho de cada um:

SELECT segment_name, segment_type, bytes
FROM user_segments
WHERE segment_name LIKE 'IDX_%';

A saída dessa consulta deve ser algo parecido com isto:

SEGMENT_NAME	SEGMENT_TYPE	BYTES
IDX_NOME	INDEX	38797312
IDX_DOCUMENTO	INDEX	8388608

Observe que o índice para a coluna NOME é muito maior do que o índice para a coluna DOCUMENTO. Isso ocorre porque a coluna NOME tem um tamanho muito maior do que a coluna DOCUMENTO e, portanto, o índice precisa de mais espaço para armazenar as informações.

ÍNDICE BITMAP

O índice bitmap é um tipo de índice usado no Oracle para melhorar o desempenho de consultas que envolvem várias colunas com valores discretos. Em vez de armazenar um índice para cada valor distinto em uma coluna, o índice bitmap armazena um único índice para cada combinação de valores nas colunas indexadas. Aqui está a sintaxe básica para criar um índice bitmap:

CREATE BITMAP INDEX index_name
ON table_name (column1 [, column2, ..., columnn]);

Bitmap é eficiente para consultas que envolvem a combinação de valores em várias colunas, usando operadores lógicos como AND ou OR. Por exemplo, a consulta abaixo poderia ser mais rápida se houvesse um índice bitmap nas colunas SEXO e IDADE:

*SELECT * FROM usuario WHERE sexo= 'Feminino' AND idade > 50;*

Exemplo de criação do índice:

CREATE BITMAP INDEX idx_sexo_idade
ON usuario (sexo, idade);

O índice bitmap armazena um bitmap para cada valor distinto nas colunas indexadas, onde cada bit representa um registro na tabela. Quando uma consulta envolve várias colunas indexadas, o Oracle combina os bitmaps para cada valor distinto nas colunas e usa a operação lógica (AND ou OR) para encontrar os registros correspondentes. Isso permite que o Oracle faça uma varredura muito mais rápida da tabela, reduzindo o tempo de resposta da consulta. No entanto, é importante anotar que um índice bitmap pode não ser eficiente para tabelas com muitas atualizações, inserções ou exclusões, já que as operações no índice bitmap podem ser caras em termos de recursos. Portanto, é recomendável avaliar cuidadosamente a adequação de um índice bitmap para sua situação específica antes de implementá-lo.

Índice bitmap é muito útil para melhorar o desempenho de consultas que envolvem várias colunas com valores discretos. Entretanto, há situações em que um índice bitmap não é a melhor opção. Aqui estão algumas delas:

1. Se uma tabela tiver muitas atualizações, inserções ou exclusões, um índice bitmap pode ser menos eficiente do que um índice B-tree. Isso ocorre porque quando um índice bitmap é atualizado, é necessário recalcular os bits do índice para cada linha que é atualizada. Se muitas atualizações são feitas em uma tabela com um índice bitmap, o processo de recalcular os bits do índice para cada linha pode se tornar muito lento e causar um impacto significativo no desempenho do banco de dados.

2. Se uma coluna tiver muitos valores distintos, um índice bitmap pode não ser útil. Isso ocorre porque o bitmap pode ficar muito grande, o que pode afetar o desempenho do banco de dados.

3. Se uma consulta envolver operações de ordenação, um índice bitmap pode não ser a melhor opção. Isso ocorre porque o bitmap não pode ser usado para ordenar os registros, o que pode afetar o desempenho da consulta.

4. Se uma consulta envolver operações de comparação, como ">" ou "<", um índice bitmap pode não ser a melhor opção. Isso ocorre porque o bitmap não pode ser usado para fazer operações de comparação entre valores.

Suponha que temos uma tabela chamada "venda" que armazena milhares de informações sobre vendas da empresa, como:

```
CREATE TABLE venda (
    id number PRIMARY KEY,
    dt_venda date not null,
    id_produto number REFERENCES produto(id),
    id_cliente number REFERENCES cliente(id),
    valor_venda number not null,
    status_venda varchar2(20) not null
);
```

Para melhorar a performance das consultas realizadas na tabela "vendas", decidimos criar um índice bitmap na coluna STATUS_VENDA, já que ela é frequentemente utilizada como filtro em nossas consultas e possui baixa seletividade, isto é, as situações da venda se repetem frequentemente entre os registros de vendas, já que temos apenas 3 situações: aberta, pendente e finalizada. Criamos o índice bitmap da seguinte forma:

```
CREATE BITMAP INDEX idx_venda_status ON venda(status_venda);
```

Em seguida, realizamos uma consulta que filtra as vendas de um produto específico:

```
SELECT * FROM vendas WHERE status_venda = 'finalizada';
```

Ao executar essa consulta, o Oracle usará o índice bitmap que criamos para encontrar as linhas na tabela que correspondem ao valor do filtro que é 'finalizada'. O processo de busca do índice bitmap é realizado em memória e é muito rápido, o que significa que a consulta será executada com alta performance. No entanto, se a consulta exigir o uso de outras colunas da tabela além da coluna STATUS_VENDA, o desempenho pode ser comprometido. Isso porque, ao usar um índice bitmap, o Oracle precisará acessar a tabela várias vezes para obter as informações necessárias, o que pode resultar em um grande número de leituras de disco. Por exemplo, se quisermos filtrar as vendas por um produto específico e também por um intervalo de datas, a consulta ficaria assim:

SELECT * FROM vendas WHERE id_produto = 85 AND dt_venda BETWEEN '01/01/2022' AND '31/12/2022';

Nesse caso, o Oracle precisará executar uma operação de interseção entre os resultados obtidos pelo índice bitmap e os valores da coluna DT_VENDA da tabela. Isso pode levar a um grande número de leituras de disco e afetar significativamente o desempenho da consulta. Portanto, ao usar índices bitmap, é importante considerar o impacto que eles podem ter no desempenho das consultas que envolvem várias colunas da tabela. Em alguns casos, pode ser necessário criar índices compostos ou avaliar outras opções de indexação para obter o melhor desempenho possível.

Para preparar uma tabela para a criação de um índice bitmap, você pode seguir os seguintes passos:

1. **Analisar a tabela e atualizar as estatísticas:** É importante ter estatísticas precisas da tabela para que o Oracle possa escolher o melhor plano de execução da consulta. Use o comando DBMS_STATS.GATHER_TABLE_STATS para atualizar as estatísticas.

Por exemplo:

exec DBMS_STATS.GATHER_TABLE_STATS('loja', 'cliente');

O comando acima coleta estatísticas de tabela para a tabela "cliente" no esquema "loja". As estatísticas foram coletadas para todas as colunas da tabela e os outros parâmetros que não foram incluídos fez com que o Oracle determinasse o melhor método de coleta de estatísticas com base no tamanho da tabela e na distribuição de dados.

2. **Verificar a seletividade da coluna que você deseja indexar com o índice bitmap:** É importante que a coluna tenha uma alta seletividade para que o índice bitmap seja eficiente. Use a seguinte consulta para verificar a

seletividade da coluna:

SELECT COUNT(DISTINCT coluna) / COUNT(1) AS seletividade FROM tabela;

A consulta acima calcula a seletividade da coluna dividindo o número de valores distintos na coluna pelo número total de registros na tabela. Se o resultado for próximo de 1, isso significa que a coluna é altamente seletiva e pode ser uma boa candidata para indexação com um índice bitmap. Se o resultado for próximo de 0, isso significa que a coluna tem baixa seletividade e um índice bitmap pode não ser eficiente.

3. **Verificar o tamanho da coluna:** Como o índice bitmap armazena um bit para cada valor distinto da coluna, o tamanho do índice pode ficar muito grande. Verifique o tamanho da coluna com a seguinte consulta:

SELECT MAX(LENGTH(coluna)) FROM tabela;

4. **Verificar a taxa de atualização da tabela:** Se a tabela tiver uma taxa de atualização muito alta, a atualização do índice bitmap pode se tornar um gargalo de desempenho. Considere o uso de outras técnicas de indexação se a taxa de atualização for muito alta.

5. **Verificar a complexidade das consultas:** O índice bitmap é mais eficiente para consultas que envolvem várias condições de igualdade em diferentes colunas. O índice armazena informações em um bitmap que é usado para acessar várias colunas ao mesmo tempo. Quando uma consulta é executada, o Oracle pode usar o bitmap para determinar quais linhas da tabela correspondem às condições de igualdade especificadas. Em seguida, ele pode acessar essas linhas diretamente, sem precisar percorrer toda a tabela. Entretanto, sempre devemos ter em mente que é sempre importante avaliar cuidadosamente as necessidades do banco de dados

antes de decidir se o índice bitmap é a melhor opção para um determinado cenário.

6. **Criar o índice bitmap:** Depois de preparar a tabela, você pode criar o índice bitmap usando o comando CREATE BITMAP INDEX. Certifique-se de escolher a coluna correta e de considerar a seletividade e o tamanho da coluna ao criar o índice.

Seguindo esses passos, você pode preparar uma tabela para a criação de um índice bitmap e garantir que o índice seja eficiente e útil para as consultas que você planeja executar.

ÍNDICE DE FUNÇÃO

O índice de função é um tipo de índice avançado no Oracle que permite a criação de índices em colunas calculadas ou transformadas por funções. Esse tipo de índice é útil quando você precisa pesquisar em colunas que não podem ser indexadas diretamente ou que exigem alguma transformação antes de poderem ser indexadas.

Por exemplo, suponha que você tenha uma tabela com um campo NOME_COMPLETO e deseja pesquisar por sobrenome. Em vez de criar uma coluna separada para o sobrenome, você pode criar um índice de função que extraia o sobrenome do campo NOME_COMPLETO. O índice de função usa uma expressão para calcular o valor do índice com base no valor da coluna da tabela. Exemplo de como criar um índice de função:

CREATE INDEX idx_sobrenome
ON table_name (substr(nome_completo, instr(nome_completo, ' ', -1) + 1));

Este exemplo cria um índice na coluna NOME_COMPLETO da tabela, mas a expressão na cláusula *substr* extrai apenas o sobrenome do nome completo.

É importante observar que os índices de função têm algumas limitações:

- Eles podem ser menos eficientes do que outros tipos de índices, especialmente se a expressão no índice de função for complexa. Além disso, os índices de função não podem ser usados para classificação ou agrupamento, pois o banco de dados precisa calcular a expressão para cada linha da tabela. No entanto, se você precisar pesquisar em colunas calculadas ou transformadas por funções, um índice de função pode ser uma solução útil para melhorar o desempenho de consultas.

- A utilização de índices de função pode prolongar consideravelmente o tempo de inserção de dados em uma tabela, sobretudo quando a função aplicada no índice é complexa e envolve diversos cálculos. Isso acontece porque o banco de dados necessita calcular o valor da função para cada linha que é inserida na tabela e, posteriormente, atualizar o índice correspondente.

- Os índices podem aumentar o tamanho do banco de dados, pois armazenam valores calculados para cada linha da tabela. Isso pode levar a um aumento no tempo de backup e restauração do banco de dados, bem como no espaço necessário para armazenamento. Além disso, é importante lembrar que nem todas as funções são adequadas para uso em índices. Algumas funções podem produzir resultados imprevisíveis ou podem ter problemas de desempenho ao serem usadas em índices.

Desse modo, é importante lembrar que o uso de índices baseados em funções não é uma solução para todos os problemas de desempenho de consulta. Em alguns casos, pode ser necessário ajustar o esquema do banco de dados ou reescrever a consulta para obter um desempenho ideal.

Para preparar a criação de um índice de função, siga os seguintes passos:

1. Identifique as colunas da tabela que serão usadas na expressão da função que será indexada.
2. Crie a expressão da função que será indexada.
3. Teste a expressão para garantir que ela esteja funcionando corretamente.
4. Crie o índice de função usando a expressão da função.
5. Teste o índice de função para garantir que ele está funcionando corretamente.
6. Agende a execução regular de rotinas de manutenção de índices, como o rebuild ou o reorganize, para manter o índice atualizado e funcionando corretamente.

ÍNDICE DE TEXTO COMPLETO

O índice de texto completo é usado para pesquisas de texto completo, permitindo que as consultas encontrem correspondências em texto livre em uma ou mais colunas de texto de uma tabela. Ao contrário do índice B-tree, que é adequado para consultas de igualdade e até intervalo em dados alfanuméricos, o índice de texto completo é otimizado para pesquisas em texto livre e pode realizar pesquisas em frases, palavras individuais e prefixos de palavras. Exemplo de como criar um índice de texto:

CREATE INDEX index_name
ON table_name (column_name)
INDEXTYPE IS ctxsys.context;

A cláusula INDEXTYPE define o tipo de índice que será criado. Neste caso, usamos *ctxsys.context* para criar um índice de texto completo.

O índice de texto completo é ideal para colunas que armazenam grandes quantidades de texto. Ele permite que as consultas pesquisem o texto completo desses documentos em busca de correspondências. Por exemplo, suponha que você tenha uma tabela "documento" com uma coluna TEXTO que contém o texto do documento. Você pode criar um índice de texto completo na coluna TEXTO para pesquisas, como por exemplo:

CREATE INDEX idx_documento_texto
ON documento (texto)

INDEXTYPE IS ctxsys.context;

Você poderá consultar um texto do seguinte modo:

SELECT *
FROM documento
WHERE CONTAINS(texto, 'minha pesquisa')>0;

Esta consulta irá procurar em todos os documentos na tabela "documento" que contenham a frase *"minha pesquisa"*. O índice de texto completo permite que essa consulta seja realizada de maneira rápida e eficiente.

MELHORES PRÁTICAS DE ÍNDICES

Aqui estão algumas melhores práticas adicionais a serem seguidas ao trabalhar com índices no Oracle:

- Mantenha seus índices atualizados e limpos para evitar problemas de desempenho.
- Use o índice mais seletivo sempre que possível para criação de índices B-tree.
- Considere usar índices de bitmap para melhorar o desempenho de consultas que envolvem muitas linhas.

Mantenha seus índices atualizados e limpos para evitar problemas de desempenho

Os índices são usados para acelerar as consultas, mas, se os índices estiverem desatualizados ou corrompidos, podem levar a problemas de desempenho. Por exemplo, se o banco estiver usando um índice desatualizado, ele pode estar lendo mais dados do que precisa, o que pode levar a um aumento no tempo de resposta da consulta. Além disso, se houver muitos índices desnecessários, isso pode levar a um desperdício de espaço em disco e a uma sobrecarga do sistema.

Para evitar esses problemas, é importante manter os índices atualizados e limpos. Aqui estão algumas práticas recomendadas para fazer isso:

Realize manutenção regular

Agende a execução regular de rotinas de manutenção de índices, como o rebuild ou o reorganize, para garantir que eles permaneçam em bom estado e continuem fornecendo um desempenho otimizado. Por exemplo, para execução regular de rotinas de manutenção de índices usando o Oracle Scheduler, usando o exemplo de um índice B-tree em uma tabela de clientes, podemos fazer:

1. Criar uma tarefa no Oracle Scheduler

```
BEGIN
  DBMS_SCHEDULER.CREATE_JOB(
    job_name => 'rebuild_meu_indice_job',
    job_type => 'PLSQL_BLOCK',
    job_action => 'BEGIN DBMS_DDL.REBUILD_INDEX(''idx_documento''); END;',
    start_date => SYSTIMESTAMP,
    repeat_interval => 'FREQ=WEEKLY;BYDAY=SUN;BYHOUR=2',
    enabled => TRUE
  );
END;
```

Neste exemplo, estamos agendando a execução do rebuild no índice chamado "idx_documento" para ser executado todos os domingos às 2h da manhã. O job será criado no DBMS_SCHEDULER, que é uma ferramenta do Oracle para agendar a execução de tarefas de maneira automatizada.

Além do rebuild, também é possível agendar a execução do reorganize, que é uma opção menos invasiva e pode ser executada com mais frequência. O processo de agendamento é semelhante ao do exemplo acima, mas com uma chamada diferente ao DBMS_DDL:

```
BEGIN
  DBMS_SCHEDULER.CREATE_JOB(
    job_name => 'reorganize_meu_indice_job',
    job_type => 'PLSQL_BLOCK',
    job_action => 'BEGIN DBMS_DDL.REORGANIZE_INDEX(''idx_documento''); END;',
    start_date => SYSTIMESTAMP,
    repeat_interval => 'FREQ=DAILY;BYHOUR=23',
    enabled => TRUE
  );
END;
```

Com esses agendamentos, podemos garantir que os índices sejam mantidos atualizados e funcionando corretamente, sem precisar de intervenção manual constante. É importante lembrar que o agendamento deve ser ajustado de acordo com as necessidades específicas de cada aplicação e ambiente.

Monitorar o uso dos índices

Monitore o uso dos índices para garantir que eles estejam sendo usados de maneira eficaz. Se um índice não estiver sendo usado, pode ser removido ou desativado para economizar espaço e evitar a sobrecarga desnecessária.

Para monitorar o uso dos índices, podemos usar a visualização dinâmica do Oracle chamada "v$object_usage". Essa visualização fornece informações sobre o uso de índices e outras estruturas de objetos do banco de dados. Para listar os índices que não estão sendo usados, podemos executar a seguinte consulta, com usuário com permissões dba:

```
SELECT *
FROM  dba_objects
WHERE  object_type = 'INDEX'
     AND object_name NOT IN (
      SELECT index_name
      FROM  v$object_usage
      WHERE  index_name IS NOT NULL
    )
    AND created < SYSDATE - 30;
```

Essa consulta lista todos os índices que não foram usados nos últimos 30 dias e foram criados antes desse período. Podemos ajustar o valor da coluna CREATED para um período diferente, se necessário.

Para desativar um índice que não está sendo usado, podemos executar o seguinte comando:

```
ALTER INDEX index_name UNUSABLE;
```

Isso desativa o índice e impede que ele seja usado em consultas. Se precisarmos reativar o índice mais tarde, podemos executar o comando:

ALTER INDEX index_name REBUILD;

Isso reconstrói o índice e o torna utilizável novamente. No entanto, devemos ter cuidado ao desativar índices, pois isso pode afetar o desempenho de consultas que podem precisar do índice mais tarde. Devemos usar essa técnica com cuidado e fazer testes adequados antes de desativar qualquer índice.

Identificar e corrigir índices corrompidos

Se um índice estiver corrompido, pode causar bloqueios e consultas lentas. Identifique e corrija rapidamente quaisquer índices corrompidos. Para identificar índices corrompidos, você pode executar a seguinte consulta:

SELECT owner, index_name, table_name, status FROM dba_indexes WHERE status <> 'VALID';

Essa consulta exibe todos os índices que não estão em estado válido. Se algum índice for exibido nessa consulta, significa que ele está corrompido ou precisa ser reconstruído. Para corrigir índices corrompidos, você pode executar o seguinte comando:

ALTER INDEX index_name REBUILD;

Isso reconstruirá o índice e corrigirá quaisquer problemas de corrupção. Você também pode executar o comando REBUILD ONLINE para permitir que o índice seja acessado durante a reconstrução.

Verificar se os índices são relevantes

Verifique se os índices ainda são relevantes para a estrutura de suas consultas. Se não forem mais necessários, podem ser removidos para reduzir o tamanho do banco de dados e melhorar o desempenho. É possível seguir os seguintes passos:

1. Identifique os índices que você deseja verificar:

SELECT index_name, table_name, uniqueness
FROM user_indexes
WHERE table_name = 'CLIENTE';

O resultado mostrará as informações com o nome do índice

	INDEX_NAME	TABLE_NAME	UNIQUENESS
1	IDX_NOME	CLIENTE	NONUNIQUE
2	IDX_CLIENTE_SOBRENOME	CLIENTE	NONUNIQUE
3	SYS_C00651349	CLIENTE	UNIQUE
4	SYS_C00651350	CLIENTE	UNIQUE
5	IDX_DOCUMENTO	CLIENTE	NONUNIQUE

2. Analise o plano de execução da consulta:

EXPLAIN PLAN FOR
SELECT id, documento, nome, email
FROM cliente
WHERE documento = 20;

O comando EXPLAIN PLAN FOR gera um plano de execução detalhado para a consulta. O objetivo desse comando é permitir que possamos otimizar as consultas SQL, identificando gargalos de desempenho e identificando possíveis melhorias.

3. Examine o plano de execução:

SELECT * FROM table(DBMS_XPLAN.DISPLAY);

A consulta retornará informações, como:

```
  PLAN_TABLE_OUTPUT
 1 Plan hash value: 412334300
 2
 3 --------------------------------------------------------------------------------
 4 | Id  | Operation                           | Name          | Rows  | Bytes | Cost (%CPU)| Time     |
 5 --------------------------------------------------------------------------------
 6 |   0 | SELECT STATEMENT                    |               |     1 |    56 |     4   (0)| 00:00:01 |
 7 |   1 |  TABLE ACCESS BY INDEX ROWID BATCHED| CLIENTE       |     1 |    56 |     4   (0)| 00:00:01 |
 8 |*  2 |   INDEX RANGE SCAN                  | IDX_DOCUMENTO |     1 |       |     3   (0)| 00:00:01 |
 9 --------------------------------------------------------------------------------
10
11 Predicate Information (identified by operation id):
12 --------------------------------------------------
13
14    2 - access("DOCUMENTO"=20)
```

É possível identificar que o índice do documento foi usado na consulta.

Evitar a sobrecarga de índices

Evite criar índices desnecessários que possam levar à sobrecarga do banco de dados e afetar o desempenho. Para evitar a sobrecarga de índices, é importante limitar o número de índices em uma tabela e garantir que eles sejam criados apenas quando necessário. Além disso, é recomendável monitorar regularmente o desempenho dos índices para verificar se eles estão sendo usados de maneira eficaz. Se um índice não estiver sendo usado, ele pode ser removido ou desativado para economizar espaço e evitar a sobrecarga desnecessária. Deve-se também sempre analisar a possibilidade de criação de índices compostos, que combinam duas ou mais colunas, em vez de criar índices separados para cada coluna.

Planejar a manutenção de índices durante períodos de baixa atividade

É uma prática recomendada para minimizar o impacto no desempenho do sistema durante as operações de manutenção.

Uma das maneiras de fazer isso é agendar a manutenção de índices para um momento em que haja menos atividade no banco de dados. Por exemplo, se uma aplicação de banco de dados for usada apenas durante o horário comercial, o horário fora do expediente pode ser um bom momento para a manutenção de índices.

Além disso, é importante monitorar o desempenho do sistema durante as operações de manutenção de índices para detectar quaisquer problemas de desempenho que possam surgir. Por exemplo, se uma operação de rebuild de índice estiver demorando muito tempo para ser concluída, pode ser necessário reavaliar o índice e ajustar o plano de manutenção de acordo.

SOBRE O USO
DE ÍNDICES

Seletividade de índice é a proporção de linhas exclusivas em uma tabela para o número total de linhas na tabela. Em outras palavras, quanto maior a seletividade de um índice, menos linhas ele retornará. Quanto menor a seletividade de um índice, mais linhas ele retornará. Isso significa que os índices mais seletivos retornam menos linhas e são mais rápidos do que os índices menos seletivos.

Usar o índice mais seletivo pode melhorar significativamente o desempenho do banco de dados, pois o banco de dados precisa ler menos dados para executar uma consulta. Quando o banco de dados usa um índice menos seletivo, ele precisa ler mais dados, o que pode aumentar significativamente o tempo de resposta da consulta. Portanto, ao usar o índice mais seletivo, você pode reduzir o tempo de resposta da consulta e melhorar o desempenho geral do banco de dados.

Para escolher o índice mais seletivo, você precisa analisar a tabela e os dados armazenados nela. Um índice mais seletivo será aquele que é baseado em uma coluna que contém valores exclusivos. Por exemplo, uma coluna de identificador exclusivo, como um número de identificação de cliente ou um número de pedido, é uma boa escolha para um índice mais seletivo. Uma coluna que pode conter muitos valores duplicados, como um nome de cliente ou um tipo de produto, pode não ser uma boa escolha para um índice mais seletivo. Além disso, é importante lembrar que ter muitos índices em uma tabela pode ter um impacto negativo no desempenho do banco de dados, pois pode tornar as atualizações e inserções mais lentas. Portanto, é importante escolher cuidadosamente quais colunas indexar e quais índices usar em uma tabela.

Usar o índice mais seletivo sempre que possível é uma das melhores práticas para melhorar o desempenho do banco de dados. Ao escolher o índice mais seletivo, você pode reduzir o tempo de resposta da consulta e melhorar o desempenho geral do banco de dados. No entanto, é importante analisar cuidadosamente a tabela e os dados armazenados nela para escolher o índice mais seletivo e evitar criar muitos índices na tabela, o que pode impactar negativamente o desempenho do banco de dados.

Considere usar índices de bitmap para melhorar o desempenho de consultas que envolvem muitas linhas.

Os índices de bitmap são uma técnica de otimização de consultas usada para melhorar o desempenho de consultas que envolvem muitas linhas. Eles são especialmente úteis quando você precisa pesquisar em uma tabela grande que contém muitos valores repetidos em uma ou mais colunas.

Ele funciona criando um bitmap, ou mapa de bits, que identifica as linhas que atendem aos critérios da consulta. Em seguida, a consulta é executada apenas nas linhas identificadas pelo bitmap, em vez de examinar todas as linhas da tabela. Isso pode reduzir significativamente o tempo necessário para executar a consulta.

Por exemplo, suponha que você tenha uma tabela de vendas com milhões de registros e precise executar uma consulta para obter todas as vendas realizadas por um vendedor específico em um determinado período de tempo. Sem um índice de bitmap, o banco de dados precisaria examinar todas as linhas da tabela para encontrar as que correspondem aos critérios da consulta. Com um índice de bitmap, o banco de dados pode usar o bitmap para identificar rapidamente as linhas relevantes e executar a consulta apenas nessas linhas.

Para criar um índice de bitmap, é necessário selecionar uma ou mais colunas da tabela que sejam úteis para a consulta. Essas colunas são usadas para criar o bitmap. Uma vez criado o índice de bitmap, o banco de dados pode usá-lo para executar consultas mais rapidamente. No entanto, é importante lembrar que nem todas as consultas se beneficiam de índices de bitmap.

Suprimindo Índices

Suprimir índices sem intenção é um dos erros mais comuns cometidos por desenvolvedores inexperientes. O SQL possui muitas armadilhas que fazem com que os índices não sejam utilizados.

Usando Funções Em Colunas Indexadas

Quando se usa funções em colunas indexadas, ocorre que o índice acaba não sendo utilizado, pois a coluna é manipulada de alguma forma. Neste caso, o Oracle tem uma regra muito simples que impede a utilização do índice. Considere a seguinte tabela:

```
CREATE TABLE aluno (
  id NUMBER PRIMARY KEY,
  nome VARCHAR2(100),
  dt_nascimento DATE
);
```

Para melhorar o desempenho de consultas que envolvem a coluna DT_NASCIMENTO, podemos criar um índice para essa coluna da seguinte forma:
```
CREATE INDEX idx_aluno_dt_nascimento ON aluno(dt_nascimento);
```

Agora, vamos realizar uma consulta que envolve a função TO_CHAR() na coluna dt_nascimento:

```
SELECT * FROM aluno WHERE TO_CHAR(dt_nascimento, 'YYYY') = '2000';
```

Nesse caso, a consulta não utilizará o índice criado anteriormente, pois a coluna DT_NASCIMENTO está sendo manipulada pela função TO_CHAR(). O Oracle não pode utilizar o índice nessa situação.

Para contornar esse problema, podemos criar um índice funcional, que é um índice criado com base em uma expressão ou função. No exemplo acima, poderíamos criar o índice funcional da seguinte forma:

```
CREATE INDEX idx_aluno_ano_nascimento ON aluno(TO_CHAR(dt_nascimento, 'YYYY'));
```

Assim, quando fizermos uma consulta usando a função TO_CHAR() na coluna data_nascimento, o índice funcional poderá ser utilizado. É importante lembrar que a criação de índices funcionais deve ser feita com cuidado, pois a criação de muitos índices pode prejudicar o desempenho do banco de dados como um todo.

Manipulando Colunas Em Cláusulas Where

As colunas manipuladas em cláusulas WHERE também podem suprimir índices. Por exemplo, vamos criar uma tabela "venda" com uma coluna de data e um índice nessa coluna:

```
CREATE TABLE venda (
  id NUMBER PRIMARY KEY,
  data_venda DATE,
  valor NUMBER
);

CREATE INDEX idx_data_venda ON venda(data_venda);
```

Agora, vamos inserir alguns registros na tabela:

```
INSERT INTO venda VALUES (1, TO_DATE('2022-01-01', 'yyyy-mm-dd'), 100);
INSERT INTO venda VALUES (2, TO_DATE('2022-02-01', 'yyyy-mm-dd'), 200);
INSERT INTO venda VALUES (3, TO_DATE('2022-03-01', 'yyyy-mm-dd'), 300);
INSERT INTO venda VALUES (4, TO_DATE('2022-04-01', 'yyyy-mm-dd'), 400);
INSERT INTO venda VALUES (5, TO_DATE('2022-05-01', 'yyyy-mm-dd'), 500);
commit;
```

Se fizermos uma consulta simples, sem manipular a coluna de data, o índice será utilizado:

```
EXPLAIN PLAN FOR
SELECT * FROM venda WHERE data_venda > TO_DATE('2022-01-01', 'yyyy-mm-dd');
SELECT * FROM table(DBMS_XPLAN.DISPLAY);
```

```
| Id | Operation                              | Name                     | Rows | Bytes | Cost (%CPU)| Time     |
------------------------------------------------------------------------------------------------------------
|  0 | SELECT STATEMENT                       |                          |   4  |   56  |   2   (0)| 00:00:01 |
|  1 | RESULT CACHE                           | 9tanrz0wn5jy04k5tymyc134hf |  4 |  56  |   2   (0)| 00:00:01 |
|  2 |  TABLE ACCESS BY INDEX ROWID BATCHED|  | VENDA                    |   4  |   56  |   2   (0)| 00:00:01 |
|  3 |   SORT CLUSTER BY ROWID BATCHED        |                          |   4  |       |   1   (0)| 00:00:01 |
|* 4 |    INDEX RANGE SCAN                    | IDX_DATA_VENDA           |   4  |       |   1   (0)| 00:00:01 |
------------------------------------------------------------------------------------------------------------
```

No entanto, se manipularmos a coluna de data na cláusula WHERE, o índice não será utilizado:

EXPLAIN PLAN FOR
*SELECT * FROM venda WHERE EXTRACT(MONTH FROM data_venda) > 1;*
*SELECT * FROM table(DBMS_XPLAN.DISPLAY);*

```
| Id | Operation                  | Name                     | Rows | Bytes | Cost (%CPU)| Time     |
------------------------------------------------------------------------------------------------------
|  0 | SELECT STATEMENT           |                          |   1  |   14  |   2   (0)| 00:00:01 |
|  1 | RESULT CACHE               | 5u5lvky6t2t990z28yfbtqk9ej |  1 |  14  |   2   (0)| 00:00:01 |
|* 2 |  TABLE ACCESS STORAGE FULL | VENDA                    |   1  |   14  |   2   (0)| 00:00:01 |
------------------------------------------------------------------------------------------------------
```

Usando Cláusulas Like Com Coringas No Início Do Texto

Quando você usa coringas no início de uma cláusula LIKE, o índice não pode ser usado. Por exemplo, se você tem um índice na coluna de nome, a consulta *"SELECT * FROM cliente WHERE nome LIKE '%João%'"* não usará o índice. Note que se você usar um coringa no início do padrão, o Oracle não poderá usar um índice de B-tree em qualquer coluna que você estiver pesquisando. Isso ocorre porque os índices de B-tree são criados para pesquisas que começam pelo primeiro caractere da coluna indexada. Ao usar um coringa no início do padrão, a pesquisa começará no meio da coluna e o índice não poderá ser usado.

Para evitar a supressão de índices, é importante entender como o Oracle usa os índices em consultas e como as consultas são processadas. Planeje cuidadosamente seus índices para garantir que eles estejam sendo usados da maneira mais eficiente possível e monitore o uso dos índices regularmente para garantir que eles estejam fornecendo um desempenho otimizado.

ABOUT THE AUTHOR

Devrunning

Devrunning é o pseudônimo de um autor com mais de 15 anos de experiência em banco de dados. Além do trabalho como DBA, tenho um canal no YouTube chamado "DevRunning" (https://www.youtube.com/ @devrunning), onde compartilho dicas, tutoriais e insights sobre programação no Oracle Apex. Meu objetivo é ajudar desenvolvedores a maximizarem seu potencial nessa área.

Tenho planos para futuros projetos de ebooks abrangendo uma variedade de tópicos relacionados a bancos de dados, como desenvolvimento com Oracle Apex e JavaScript, tanto em níveis básicos quanto avançados. Meu objetivo é fornecer recursos abrangentes para atender às necessidades de todos os públicos, desde iniciantes até profissionais experientes.

Acredito que a combinação de conhecimentos em bancos de dados, Oracle Apex e programação em JavaScript seja extremamente poderosa no mundo do desenvolvimento de aplicações.

Agradeço sua leitura e espero que aproveite este guia básico de índices do Oracle!

www.ingramcontent.com/pod-product-compliance
Lightning Source LLC
LaVergne TN
LVHW051621050326
832903LV00033B/4600